QUADERNI CENNI

SOLDATI DELL'ESECITO ITALIANO 1861-1910

Acquarelli di Quinto Cenni dalla collezione
di H. J. Vinkhuijzen

SOLDIERSHOP PUBLISHING

ACKNOWLEDGEMENTS

A Special Thanks to the New York Public Library for their kindly permission to use several images of his collections used in the book.

Title: **SOLDATI DELL'ESERCITO ITALIANO 1861-1910** - cod. QC016
By Luca Stefano Cristini. Tavole a colori di Quinto Cenni.
First edition by Soldiershop January 2018
Cover & Art Design: Luca S. Cristini.
ISBN code: 978-88-93272674 codice e collana Soldiershop Quaderni Cenni (QC016)
Published by Soldiershop publishing, via Padre Davide, 7 - 24050 Zanica (BG) ITALY. www.soldiershop.com

SOLDIERSHOP PUBLISHING
BOOK on DEMAND

SOLDATI DELL'ESERCITO ITALIANO 1861–1910

QUADERNI CENNI

I RE D'ITALIA DAL 1861 AL 1915

Il nostro Paese, piccolo per territorio, acquistò credito nei Consigli dell'Europa perché grande per le idee che rappresenta, per le simpatie che esso ispira. Questa condizione non è scevra di pericoli, giacché, nel mentre rispettiamo i trattati, non siamo insensibili al grido di dolore che da tante parti d'Italia si leva verso di noi.

Re Vittorio Emanuele II

VITTORIO EMANUELE II IL PRIMO RE D'ITALIA, PADRE DELLA PATRIA

Vittorio Emanuele nasce a Torino il 14 marzo del 1820, figlio primogenito di Carlo Alberto, re di Sardegna, e Maria Teresa d'Asburgo. Trascorse la sua infanzia a Firenze, presso la casa del nonno materno, dal momento che il padre Carlo Alberto non godeva dei favori di Carlo Felice, l'ultimo sovrano del ramo principale dei Savoia, a causa della sua tolleranza ai moti liberali del 1821.

Da tradizione di casa Savoia l'erede al trono viene avviato alla carriera militare: all'età di undici anni è già capitano dei fucilieri, nel 1831 quando il padre diventa re di Sardegna è generale e nel 1846 è promosso luogotenente generale.

Tornato a Torino già nel 1831, si fidanza e poi si sposa con la cugina Maria Adelaide d'Asburgo Lorena, figlia del viceré del Lombardo-Veneto, l'arciduca Ranieri d'Asburgo.

Dal matrimonio nascono Umberto, Clotilde, Maria Pia, Oddone e Amedeo.

Fondamentalmente di carattere libertino, Vittorio Emanuele non fu particolarmente fedele alla consorte intrattenendo relazioni con molte donne. La più celebre tra queste fu sicuramente **Rosa Vercellana**, la "Bela Rosin", figlia del tamburo maggiore delle sue guardie, che una volta rimasto vedovo, ne divenne anche moglie dandogli due figli (Vittoria ed Emanuele Alberto) senza tuttavia ereditarne, e trasmetterne, titoli e privilegi, secondo le regole del matrimonio morganatico in uso tra persone di diverso lignaggio.

Si distingue nella prima guerra di indipendenza degli anni 1848-1849, a Goito, in qualità di comandante la Divisione di riserva, ricevendo l'onorificenza della medaglia d'oro. D'indole conservatrice si contrappone alle politiche paterne di apertura alle istanze liberali; salito al trono, tuttavia - dopo l'abdicazione del padre, avvenuta nel 1849 – diventa a sua volta sovrano e ammorbidisce la sua in-

◄ Ritratto di Vittorio Emanuele II primo re d'Italia. Opera di Antonio Dugoni

transigenza rispettando molte concessioni elargite da Carlo Alberto, a cominciare dallo Statuto. Presenzia personalmente all'armistizio di Vignale, la pace appena raggiunta tra il re e il plenipotenziario austriaco Radetzky.

Dopo la sconfitta Vittorio Emanuele II si adopera per il risanamento dei conti dello Stato, rinnova l'esercito, favorisce l'istruzione pubblica, promuove i commerci soprattutto con la Gran Bretagna conquistandosi un grande consenso popolare. Nel 1852 ha inizio l'ascesa politica in qualità di primo ministro del conte di Cavour, la cui abilità di statista consentirà al re di attuare i suoi progetti di unificazione: è Cavour, nei fatti, il principale artefice dell'unità d'Italia.

Dopo la guerra di Crimea ed il conseguente Congresso di Parigi del 1856, che vede per la prima volta il regno di Sardegna annoverato fra le potenze europee, si allea con la Francia e, come pattuito nel 1858 a Plombieres dal primo ministro, prende parte alla seconda guerra d'indipendenza, fino all'armistizio di Villafranca nel quale gli viene riconosciuta la Lombardia.

Con una legge del 17 marzo 1861 assumerà il titolo di re d'Italia, portando a compimento quella grande impresa storica che gli varrà il riconoscimento di "padre della patria".

Quelli che seguono sono anni di consolidamento del regno. Con questo titolo il sovrano sabaudo arrivò a personificare, simbolicamente, il coronamento degli sforzi risorgimentali, delle ribellioni e delle guerre patriottiche. Come **re d'Italia**, Vittorio Emanuele II ebbe parte attiva anche alla successiva liberazione di Venezia e alla presa di Roma.

Nel 1865 re Vittorio Emanuele II trasferisce la capitale da Torino a Firenze ed attua importanti riforme, fra cui la promulgazione del codice civile e l'abolizione della pena capitale.

Dopo Il 20 settembre 1870, a seguito del crollo dell'impero francese ed il ritiro delle truppe da Roma, invocando la "Convenzione di settembre" del 1864, invia il generale Cadorna il quale, attraverso la breccia di porta Pia, entra nella città eterna rendendo così all'Italia la sua definitiva e storica capitale. Insediatosi al Quirinale, l'antico palazzo dei papi, visse in modo appartato lontano dalla vita mondana di Roma capitale, dedito alle sue passioni di sempre, come la caccia.

Proprio durante una battuta invernale trovò la morte, stroncato da febbre alta. Era il 9 gennaio del 1878 e il sovrano ha soli 58 anni.

UMBERTO I IL RE BUONO (*Umberto Rainerio Carlo Emanuele Giovanni Maria Ferdinando Eugenio di Savoia; 1844-1900*) è stato Re d'Italia dal 1878 al 1900.

Figlio di Vittorio Emanuele II, primo re d'Italia, e di Maria Adelaide d'Asburgo-Lorena, regina del Regno di Sardegna, il suo regno fu contrassegnato da diversi eventi, che produssero opinioni e sentimenti opposti. I suoi nomi di battesimo sono: Umberto Raniero Carlo Emanuele Giovanni Maria Ferdinando Eugenio, in onore alla casa Savoia.

Come già per il padre, anche a Umberto e al fratello Amedeo viene impartita un'educazione di tipo militare, che ne forma il carattere e influenzerà il futuro regno. Nel 1859 Umberto partecipa alla Seconda guerra di indipendenza. Subito dopo la proclamazione del Regno d'Italia, avvenuta nel 1861, diventa maggiore generale e l'anno dopo assume il ruolo di tenente generale. Nel 1866 insieme al fratello Amedeo partecipa alla Terza guerra di indipendenza. In questa ultima campagna Umberto si distingue per il valore, poiché riesce a respingere gli attacchi austriaci con grande coraggio.

Per questo gli viene conferita la medaglia d'oro al valore militare. Il 22 aprile 1868 Umberto convola a nozze con Margherita di Savoia. Naturalmente si tratta di un matrimonio combinato da Vittorio Emanuele II, che in occasione delle nozze istituisce il Corpo dei Corazzieri reali e l'Ordine della Corona d'Italia. Umberto ereditò dal padre la passione per le belle donne, e questo fatto porterà il suo matrimonio assai vicino al divorzio, salvato solo per ragion di stato.

Il monarca viene ricordato positivamente da alcuni per il suo atteggiamento dimostrato nel fronteggiare sciagure come l'epidemia di colera a Napoli del 1884, prodigandosi personalmente nei soccorsi (occasione che gli guadagnò il famoso soprannome di "Re Buono"), e per la promulgazione del cosiddetto codice Zanardelli che apportò alcune innovazioni nel codice penale, come l'abolizione della pena di morte.

Da altri fu aspramente avversato per il suo duro conservatorismo, il suo indiretto coinvolgimento nello scandalo della Banca Romana, la copertura e l'onorificenza concessa al generale Fiorenzo Bava Beccaris per la sanguinosa azione di soffocamento delle manifestazioni del maggio dello stesso anno a Milano. Per questo fatto, Umberto I ricevette dagli anarchici il soprannome di "Re Mitraglia".

Gli stessi rivoluzionari l'avevano oramai nel mirino tanto che organizzarono contro di lui almeno tre attentati compreso quello di Monza, del 29 luglio 1900, per mano dell'anarchico Gaetano Bresci, che gli sarà fatale all'età di 56 anni.

VITTORIO EMANUELE III IL RE SOLDATO (*Vittorio Emanuele Ferdinando Maria Gennaro di Savoia*; 1869-1947)

Fu re d'Italia (dal 1900 al 1946), imperatore d'Etiopia (dal 1936 al 1941), primo maresciallo dell'Impero (dal 4 aprile 1938) e re d'Albania (dal 1939 al 1943). Abdicò il 9 maggio 1946 e gli succedette il figlio Umberto II.

Figlio di Umberto I di Savoia e di Margherita di Savoia, ricevette alla nascita il titolo di principe di Napoli, nell'evidente intento di sottolineare l'unità nazionale, raggiunta da poco.

Il 24 ottobre 1896 a Roma, sposa la principessa Elena, figlia di Re Nicola del Montenegro da cui avrà cinque figli: Iolanda, Mafalda, Giovanna, Maria ed Umberto. Vittorio Emanuele III salirà al trono dopo il tragico evento dell'assassinio del padre Umberto I (29 luglio 1900).

Il suo lungo regno (quarantasei anni) vide, oltre alle due guerre mondiali, l'introduzione del suffragio universale maschile (1912) e femminile (1945), delle prime importanti forme di protezione sociale, il declino e il crollo dello Stato liberale (1900-1922), la nascita e il crollo dello Stato fascista (1925-1943), la composizione della questione romana (1929), il raggiungimento dei massimi confini territoriali dell'Italia unita, le maggiori conquiste in ambito coloniale (Libia ed Etiopia).

Morì in esilio quasi due anni dopo la caduta del Regno d'Italia. Per la sua partecipazione a due guerre mondiali venne appellato dalla stampa propagandistica Re Soldato e Re Vittorioso ed ancora "Re di Peschiera" per la sua costante e assidua presenza al fronte durante la prima guerra mondiale; fu anche ironicamente soprannominato "Sciaboletta" per la sua bassa statura (153 cm), per la quale si sarebbe reso necessario forgiare una sciabola particolarmente corta, che evitasse di strisciare in terra. Statura che diede adito a moltissima satira proprio da parte tedesca, soprattutto durante la prima guerra mondiale.

L'ESERCITO ITALIANO 1861-1915

Dopo la spedizione dei Mille Il 4 maggio 1861, con Decreto del Ministro Fanti, l'Armata Sarda, che aveva incorporato molti eserciti preunitari oltre all'Esercito delle Due Sicilie e quello garibaldino, prendeva definitivamente la denominazione di Esercito Italiano.

Nell'agosto dello stesso anno, durante la seconda guerra d'indipendenza italiana, per contrastare il brigantaggio postunitario italiano venne creato un apposito corpo, la Guardia Nazionale Italiana.

Ai 20 reggimenti di fanteria sardi esistenti se ne aggiunsero altri 46, ai 9 di cavalleria altri 10, e 26 battaglioni ai 10 di bersaglieri. Il tutto diviso su 5 Corpi d'armata, ognuno dei quali articolato su 3 divisioni di fanteria, ognuna delle quali era una unità poliarma con fanteria, cavalleria ed artiglieria; i 320.000 soldati ed 11.000 ufficiali erano quindi raggruppati in 18 divisioni.

I primi anni di vita non furono facili, poiché furono scanditi da una lunga e dura lotta al brigantaggio e dalla sfortunata conclusione della Terza Guerra d'Indipendenza che causò la perdita di 1.886 soldati, pur costellata di gloriose battaglie.

Il 20 settembre 1870, portando a termine gli ideali unitari, il IV Corpo d'Armata agli ordini del Generale Raffaele Cadorna attraverso la breccia di porta Pia, prese e occupò Roma, ridando all'Italia la sua naturale Capitale.

Nel 1872 venne creata la specialità degli Alpini, e dopo lo scioglimento della Guardia Nazionale Italiana nel 1876 vennero create la milizia territoriale e la milizia mobile.

Dopo un periodo caratterizzato da un notevole lavoro di riordinamento e potenziamento (la famosa riforma, o ordinamento Ricotti), il 5 febbraio 1885 il Col. Tancredi Saletta, con un Corpo di spedizione di 800 uomini, sbarcò a Massaua, dando così inizio al periodo coloniale italiano che subirà una battuta d'arresto nel 1896 con la disastrosa battaglia di Adua avvenuta nell'ambito della prima guerra di Abissinia.

Il 25 aprile 1897, un Corpo di spedizione italiano sbarcò a Suda, nell'isola di Candia, destinato a far parte di un Corpo interalleato incaricato della pacificazione dell'isola dopo la rivolta contro la dominazione turca.

Incominciavano così gli impegni internazionali. Di lì a poco, infatti, il 14 luglio 1900 venne costituito a Napoli un Corpo di spedizione internazionale con il compito di porre fine alla rivolta dei "Boxers" e difendere i Protettorati europei nella capitale cinese.

Infine l'Esercito Italiano fu impegnato in massa nella guerra Italo-Turca iniziata il 29 settembre 1911. Il 5 ottobre le nostre truppe sbarcarono a Tripoli.

La guerra italo turca si concluse con l'occupazione del Dodecanneso (primavera 1912) e la conquista del Fezzan nel 1914.

◄ Ritratto di Umberto I° secondo re d'Italia.

L'ORDINAMENTO RICOTTI DEL 1873

Le brillanti vittorie del feldmaresciallo Helmuth von Moltke nelle campagne di guerra del 1866 (in alleanza con noi contro l'Austria -Ungheria, nella terza guerra d'indipendenza) e del 1870 contro la Francia, di napoleone III, fecero risaltare agli occhi del mondo la grande organizzazione e la potenza dell'esercito tedesco, così come era stato pensato e, in parte, realizzato dai riformatori militari prussiani.

L'Italia di quegli anni, già storica alleata della Prussia, guardava con interesse all'esercito tedesco e nel 1873 il Ministro della Guerra generale Cesare Ricotti Magnani (1822 -1917) fece approvare dal Parlamento il cosiddetto *Ordinamento Ricotti* che, con successive adeguamenti e modificazioni, resterà in vigore a lungo.

Questo ordinamento, fortemente ispirato al modello tedesco, prevedeva, la modifica del si-

▲ Ritratto del generale Cesare Francesco Ricotti Magnani

stema di reclutamento dei soldati (che fu reso effettivamente obbligatorio per tutti) e la riduzione della ferma militare da 5 a 3 anni, permettendo così un numero maggiore di riservisti addestrati da mobilitare in caso di guerra. Furono poi costituiti 10 Corpi d'Armata e 16 Divisioni territoriali che avevano principalmente compiti di difesa interna e mobilitazione. Venne ammodernato l'equipaggiamento e l'armamento, con l'introduzione del fucile a retrocarica rigato mod. 1870.

Anche nel campo uniformologico vennero introdotte novità che resero assai moderna e molto meno francese la tenuta del soldato italiano. Una volta completato, l'ordinamento Ricotti prevedeva una consistenza organica dell'esercito di circa 220.000 uomini tra ufficiali, sottufficiali e truppa. Al generale Ricotti si deve anche la approvazione dello studio del capitano di stato maggiore (e dei bersaglieri) Giuseppe Domenico Perrucchetti, (1839 – 1916) appassionato di montagna e conoscitore delle operazioni svoltesi in terreno montano nei secoli precedenti, circa la difesa dell'arco alpino, permettendo la creazione nell'ottobre 1872 delle prime 15 compagnie di Alpini.

ORGANIGRAMMA DEL NUOVO ESERCITO ITALIANO

I Comando Generale (Torino)
- *Divisioni Militari Territoriali: Torino e Genova*

II Comando Generale (Milano)
- *Divisioni Militari Territoriali: Milano e Alessandria*

III Comando Generale (Verona)
- *Divisioni Militari Territoriali: Verona e Padova*

IV Comando Generale (Firenze)

- *Divisioni Militari Territoriali: Bologna e Firenze*

V Comando Generale (Roma)
- *Divisioni Militari Territoriali: Roma, Perugia e Chieti*

VI Comando Generale (Napoli)
- *Divisioni Militari Territoriali: Napoli, Salerno e Bari*

VII Comando Generale (Palermo)
- *Divisioni Militari Territoriali: Palermo e Messina*

Divisione Militare Territoriale autonoma: Cagliari

62 Distretti Militari

CARABINIERI

Corpo dei Carabinieri Reali
- *11 legioni territoriali: "Torino", "Cuneo", "Milano", "Venezia", "Bologna", "Firenze", "Roma", "Napoli", "Bari", "Catanzaro" e "Palermo"*
- *Legione Allievi*
- *Squadrone Guardie del Re (Corazzieri)*

FANTERIA

1 brigata granatieri (2 reggimenti di stato maggiore, 3 battaglioni di 4 compagnie, 1 deposito reggimentale):
- *"Granatieri di Sardegna"*

39 brigate fanteria di linea (2 reggimenti di stato maggiore, 3 battaglioni di 4 compagnie, 1 deposito reggimentale):
- *ordinarie: "Re", "Piemonte", "Aosta", "Cuneo", "Regina", "Casale", "Pinerolo", "Savona", "Acqui","Brescia", "Cremona", "Como", "Bergamo", "Pavia", "Pisa", "Siena", "Livorno", "Pistoia", "Ravenna", "Bologna", "Modena", "Forlì", "Reggio", "Ferrara", "Parma", "Alpi", "Umbria", "Marche", "Abruzzi", "Calabria", "Sicilia", "Cagliari", "Valtellina", "Palermo", "Ancona" e "Puglie"*
- *ex granatieri: "Lombardia", "Napoli" e "Toscana"*

10 reggimenti bersaglieri (stato maggiore, 4 battaglioni di 4 compagnie, 1 deposito reggimentale):
- *1°, 2°, 3°, 4°, 5°, 6°, 7°, 8°, 9° e 10°*

7 battaglioni alpini (di 3 o 4 compagnie ciascuno, in totale 24)
- *"Alto Tanaro", "Val Tanaro", "Val Pesio", "Col Tenda", "Val Stura", "Val Maira" e "Val Pellice"*

CAVALLERIA

20 reggimenti (stato maggiore, 6 squadroni, 1 deposito reggimentale):
- *4 cavalleria: 1° "Nizza", 2° "Piemonte Reale", 3° "Savoia" e 4° "Genova"*
- *7 lancieri: 5° "Novara", 6° "Aosta", 7° "Milano", 8° "Montebello", 9° "Firenze", 10° "Vittorio Emanuele II°" e 11° "Foggia"*
- *9 cavalleggeri: 12° "Saluzzo", 13° "Monferrato", 14° "Alessandria", 15° "Lodi", 16° "Lucca", 17° "Caserta", 18° "Piacenza", 19° "Guide" e 20° "Roma"*

ARTIGLIERIA

7 Comandi Territoriali

17 Comandi Locali
- *1°, 2°, 3°, 4°, 5°, 6°, 7°, 8°, 9° e 10° Reggimento Artiglieria da Campagna (stato maggiore, 10 batterie di 8 pezzi, 3 compagnie treno, 1 deposito reggimentale)*

- *1° e 2° Reggimento Artiglieria da Fortezza (stato maggiore, 10 compagnie, 3 compagnie treno, 1 deposito reggimentale)*

GENIO

7 Direzioni

17 Sottodirezioni

- *1° e 2° Reggimento Genio (stato maggiore, 7 compagnie zappatori, 2 compagnie pontieri, 1 compagnia ferrovieri, 3 compagnie treno, 1 deposito reggimentale)*

REPARTI DISCIPLINARI

- *6 compagnie di disciplina*
- *3 compagnie carcerati*

SANITA'

- *17 compagnie infermieri militari*

SUSSISTENZA

- *17 compagnie sussistenza*

MILIZIA MOBILE

- *960 compagnie fanteria di linea*
- *60 compagnie bersaglieri*
- *10 compagnie genio zappatori*

FORZA

75.000 effettivi (45.000 di 1^ categoria, 30.000 di 2^ categoria)

▲ Ritratto del re Vittorio Emanuele III

▲ Copertina originale dell'album-raccolta delle tavole di quinto cenni sull'esercito italiano nel 1875

VITTORIO EMANUELE III

NATO
11-11-1869
SPOSATO
AD
ELENA
PRINCI-
PESSA
DEL
MONTE-
NEGRO
24-9-1896
—
SALITO
AL
TRONO
29-7-1900

Sempre
avanti!
Savoia!

QUINTO CENNI
Un soldato che non fece mai il soldato...

Il nostro più grande e prolifico artista militare, Quinto Cenni nacque a Imola, all'epoca sotto il Regno Pontificio, il giorno di Pasqua 20 marzo del 1845 dall'avvocato (o dottore causidico nel volgo emiliano) Antonio e da Maria Sangiorgi, in una famiglia di solide tradizioni cattoliche, patriottiche, ma anche liberali (un cugino, il capitano Guglielmo Cenni, fu infatti un valoroso volontario garibaldino).

Quinto di nome e di fatto, era infatti il quinto dei dieci figli, i più morti prematuramente, che la famiglia Cenni ebbe. Trascorse i primi anni e compì i primi studi nella cittadina romagnola. Ancora ragazzino sviluppò una passione innata per il disegno ritraendo da subito quello che saranno i suoi soggetti per antonomasia, i soldati !

E in quegli anni ritrae principalmente quelli che gli passano sotto gli occhi; militari austriaci e pontifici che attraversano le polverose strade del paese. Alla prematura morte del padre, avvenuta nel 1856, la numerosa prole venne in parte dispersa, e in un primo tempo pare si chiudano per Quinto le possibilità di intraprendere gli studi di disegno, finché si trasferì con un fratello e una sorella a Bologna. Ed è qui, dopo varie tribolazioni, che il nostro consolida la sua vena artistica presto indirizzata negli ideali studi di pittura resi possibili da un generoso sussidio concessogli dalla amministrazione della sua città natia.

Nel 1864 perde anche la madre. Nel 1867 consegue finalmente il meritato diploma e lo stesso anno Cenni si trasferì a Milano che diverrà sua città d'adozione. Sempre del 1867 è il suo primo lavoro noto, oggi purtroppo scomparso, intitolato: "la tumulazione del generale inglese Moore, dopo la battaglia della Coruna in Ispagna".

Nella capitale lombarda egli si perfeziona nella tecnica dell'incisione, iscrivendosi ai corsi di xilografia e litografia dell'Accademia di Brera dove nel 1870 fu premiato per la litografia. Sono di questi anni gli esordi di quella poliedrica e monumentale attività dell'artista nel campo dell'illustrazione grafica. Dapprima collaboratore del periodico Emporio pittoresco, di cui fu il primo illustratore di soggetti a carattere storico-militare, disegnò poi per varie altre riviste come La Cultura moderna, La Lettura Epoca, L'Illustrazione italiana, La Rivista illustrata, Lo Spirito-folletto ed Emporium.

Oltre a lavorare per le riviste si dedicò anche all'illustrazione di libri, come Niccolò de' Lapi di Massimo d'Azeglio. la strada è ormai tracciata, Cenni prosegue infaticabile nei suoi progetti artistici ed editoriali, Nel 1870 pubblica il corposo Custoza 1848-1866 e il numero unico I Bersaglieri, dedicato al famoso corpo di fanteria nel cinquantenario della sua costituzione. Negli stessi anni videro la luce anche gli album L'esercito italiano, Eserciti europei e Gli eserciti d'oltre mare editi tutti da Vallardi. Libri oggi molto ricercati da collezionisti di tutto il mondo. Questi primi vennero seguiti da I Granatieri (1887), Nizza cavalleria, I Carabinieri Reali (1894), Cavalleggeri Saluzzo, Lancieri di Firenze (1898 e 1900), Avanti l'artiglieria e Il Genio militare.

Quasi sempre editi da Vallardi, ma compaiono anche i primi tentativi di editare direttamente col nome Cenni! In questa nuova veste anche di editore, Quinto Cenni rompe gli indugi e nel 1887 fondò a spese sue L'Illustrazione militare italiana, illustrata con tavole e disegni militari. Impresa questa che durò per oltre un decennio terminando appunto nel 1897.

L'Illustrazione militare italiana valse al Cenni numerosi riconoscimenti, incarichi e una certa notorietà anche fuori dai confini nazionali. l'opera, la più importante realizzata del Cenni rappresentò quanto di meglio si pubblicava allora in Italia in merito alle tradizioni, la storia e la composizione dell'Esercito Italiano. Cenni sperò che questa pubblicazione potesse essere fonte di quel guadagno che gli era venuto a mancare per i dissidi con l'editore Treves.

Il periodico fondato da Cenni, come detto fu accolto con grande favore e diffuso in vari Paesi, dove ebbe abbonati, corrispondenti e collaboratori. Il governo portoghese gli conferì la prestigiosa onorificenza dell'Ordine militare di Cristo. La pubblicazione gli diede molte soddisfazioni, ma purtroppo non quelle economiche.

Ricchissima di notizie, anche relative a viaggi ed esplorazioni. Molti gli articoli di storia militare in particolare

◀ Il re d'Italia Vittorio Emanuele III in un bel disegno di Quinto Cenni relativi a episodi risorgimentali. Fu sempre a seguito di questa opera che il ministero della Guerra italiano gli commissionò un album illustrato sulla campagna del 1859, che venne poi pubblicato a cura dell'Ufficio storico del Corpo di Stato Maggiore col titolo *Album della guerra del 1859*. A questo importante lavoro seguirono poi il numero unico *Aosta la veja*, l'*Atlante militare* dedicato alle *uniformi degli eserciti europei del tempo*, e *L'Esercito italiano nella nuova divisa* (uniformi del 1910). Tra il 1912 e il 1913 lavorò all'*Album della guerra italo-turca e della conquista della Libia* che fu il primo lavoro italiano di questo tipo pubblicato a dispense, poi riunito in unico fascicolo. Nonostante l'enorme amore e trasporto per le divise e le uniformi, oltre che per tutti gli aspetti della vita militare, Quinto Cenni, il romagnolo naturalizzato milanese, che dedicò tutta la sua vita all'illustrazione del costume militare non vestì mai l'uniforme, non fece mai il soldato. Fu però di fatto un accasermato, poiché non perdeva occasione per stare attorno o nei dintorni di qualsivoglia struttura militare. Sempre molto vicino ai soldati che ritraeva di continuo, passando interi pomeriggi all'interno delle caserme dove, vista la sua fama consolidata, aveva ormai libero accesso, sempre accolto con estrema simpatia. Quinto Cenni morì in piena prima guerra mondiale il 13 agosto 1917, dopo aver vissuto praticamente tutte le fasi risorgimentali del nostro paese, nella sua casa di proprietà di Carnate in Brianza mentre instancabile stava lavorando

alla sua ultima serie dedicata ai Ducato di Modena e Ducato di Parma per il dottor Gustavo De Ridder e per il medico olandese H. J. Vinkhuijzen.

L'opera di Cenni

La vastissima produzione artistica di Quinto Cenni è oggi custodita in parte dalle Istituzioni pubbliche e in parte da numerosi collezionisti privati sparsi per tutto il mondo. In Italia, presso il Museo Nazionale di Castel S. Angelo a Roma sono conservati 288 acquarelli. Questi sono in gran parte gli originali donati dagli eredi Cenni all'allora Presidente del Consiglio Mussolini. Il Museo del Risorgimento di Milano a sua volta conserva oltre un centinaio di acquarelli sui volontari del Risorgimento.

Anche la Pinacoteca civica di Imola conserva qualche campione del suo illustre concittadino.. Ma è soprattutto l'Ufficio Storico dello Stato Maggiore dell'Esercito a possedere la gran massa dei lavori del Cenni. Oltre all'archivio privato dell'artista, una raccolta di moltissimi documenti divisi in vari volumi, dove Quinto e il figlio Italo dopo di lui hanno raccolto appunti e disegni sulle uniformi, sulle armi e sugli eserciti di tutto il mondo e tutte le epoche. Denominato Codice Cenni esso è costituito dalla raccolta dei lavori del Cenni realizzati fra il 1867 e il 1917. Unica nel suo genere, questa preziosa e irripetibile collezione si compone di venticinque album. Sono migliaia di soggetti in più di duemilacinquecento fogli, "soldatini" bellissimi e coloratissimi.

Vere e proprie pere d'arte nelle quali la cura del particolare e la puntigliosa descrizione degli oggetti di corredo e delle varie parti delle uniformi vengono fissate e arricchite spesso da commenti in lapis dell'artista a piè di pagina. Questo

▲ Tavola del Cenni relativa al primo esercito italiano 1861-1870.

◄ Italo Cenni, Ritratto di Quinto Cenni nell'atto di scrivere, olio su tela (Musei Civici di Imola)

enorme dossier contiene anche migliaia di lettere, fogli, cartoline, blocchi per appunti, pagine di quaderno ricoperti di una scrittura inconfondibile, stralci di regolamenti, repertori militari, prescrizioni, opuscoli e circolari; molti fogli riportano schizzi, disegni, bozze di lavori e altro prezioso materiale fondamentale per ogni studioso di uniformologia.

La collezione Vinkhuijzen

Recentemente, 50 acquerelli di Quinto Cenni sul Ducato di Parma al tempo di Maria Luigia, dei quali non si conosceva l'esistenza, sono comparsi in mostra al Museo di New York. Essi facevano parte della grandiosa collezione del già citato medico olandese H. J. Vinkhuijzen. Questi, un appassionato cultore di iconografia militare era un contemporaneo del Cenni, visse infatti fra il 1940 e il 1910.
Collezionista eccentrico, il Dr. H. J. Vinkhuijzen, iniziò la sua carriera come medico dell'esercito olandese fino a diventare medico ufficiale di corte del principe Alessandro dei Paesi Bassi. La sua vasta collezione arrivò a contare oltre 32.000 soggetti. Moltissimi e pressoché sconosciuti quelli realizzati espressamente per la sua collezione da parte di Quinto Cenni. Dal 1911 la collezione è stata donata alla New York Public Library dal sig. Henry Draper erede del medico olandese. Ed è questa collezione a costituire la gran massa dei **Quaderni Cenni** che Soldiershop ha in corso di pubblicazione. Ogni immagine ha subito una rigorosa pulizia e ri-classificazione per fornire agli appassionati di storia militare e costume un opera complete e agevole, di notevole importanza per gli studiosi di uniformologia e non solo.

Cenni pittore ?

Quinto Cenni, pur avendone le possibilità non si dedicò praticamente mai al lavoro su tela, all'attività di pittore classico. Del Cenni infatti non esistono quadri famosi, preferendo egli dedicarsi di gran lunga al disegno, all'incisione e

17

all'acquerello. Fra le poche opere note, la Galleria d'arte moderna di Milano conserva l'acquerello *Cannoniere al pezzo*. Nella Pinacoteca civica di Imola si può ammirare un suo Ritratto ma si tratta di un opera del figlio Italo. Sono noti alcuni quadri che l'artista romagnolo preparò per alcuni concorsi come quello a Milano del 1872 con il quadro *Il combattimento in Piazza Vendôme a Parigi tra Versagliesi e Comunardi* e nel 1881 all'Esposizione nazionale di Belle Arti con *La battaglia di San Martino*. Quinto Cenni fu sostanzialmente uno studioso entusiasta della complessa materia dell'uniformologia, materia che in Italia ha sempre avuto pochi cultori e specialisti.

BIBLIOGRAFIA DI QUINTO CENNI

- Custoza 1848-1866, Album stroico artistico militare, Milano, 1878
- L'Esercito italiano - Schizzi militari, Album, Milano, 1880
- I Bersaglieri, Numero unico, 18 giugno 1886, Milano, 1886
- I Granatieri, Numero unico, Milano, 1887
- La commemorazione del 1° decennio della morte di Re Vittorio Emanuele II, numero unico pubblicato da L'illustrazione militare italiana, Milano, 1888
- Aosta "la Veia", Numero unico, 1890
- Nizza cavalleria!, Numero unico, 1890
- Piemonte Reale cavalleria, Numero unico, 1892
- I Carabinieri reali, Numero unico, 1894
- L'Artiglieria italiana nelle guerre napoleoniche, Roma, Voghera, 1899
- Avanti l'Artiglieria!, Numero unico, 1904
- La Guerra Italo-Turca 1911-1913, Album illustrato
- La campagna del 1859, Album illustrato
- 1849: Assedio di Roma, Foglio m 1,05x0,69
- I Battaglioni della Speranza 1797-99, 1848-49, 1859-60, in Lettura, 1916

Diresse e illustrò L'Illustrazione Militare Italiana dal 1887 al 1897

Opere illustrate

- B. Lencisa, Pasquale Paoli e le guerre di indipendenza della Corsica, Milano, Vallardi, 1890
- P. Moderni, L'assedio di Roma nella guerra del 190.., Milano, La Poligrafica, s.a.
- Alessandro Manzoni, I Promessi Sposi
- Massimo D'Azeglio, Ettore Fieramosca
- Massimo D'Azeglio, Niccolò de' Lapi
- Francesco Domenico Guerrazzi, L'assedio di Firenze

▶ Ovale con ritratto del primo re d'Italia Vittorio Emanuele II

TAVOLE

UNIFORMOLOGICHE

Note alle tavole a colori

Tutti i figurini pubblicati su questo libro sono opera di Quinto Cenni e fanno parte della collezione privata raccolta alla fine dell'ottocento dal Dott. H. J. Vinkhuijzen ora di proprietà della New York Public Library cui va tutto il nostro ringraziamento per la gentile concessione.

Ogni tavola ha subito una radicale pulizia grafica da graffi, segni e usure del tempo. Tutte le indicazioni riportate, quando presenti, si rifanno agli originali testi inseriti dall'artista ai piedi, a lato delle tavole o sul retro delle stesse.

1860

G. Cenni Milano 1900-1906

Parte 6ª. nel Secolo XIX. (Esercito italiano)
'EGG'. GUIDE. Tenente 29 Febbr. 1850. 1° Nov. 1861

Parte 6ª: nel Secolo XIX

(Esercito Italiano 1860-61)

REGG: GUIDE. 1 Caporale 2 „Tromba". 29 Febbr. 1860, 1° Nov. 1861

J. Cenni
Milano 1900-1906

rte 6ª: NEL SECOLO XIX.(Esercito italiano)
°: GUIDE. Sottotenente 1°Nov.1861 22 Dic.1865

Cavalleggeri Regno d'Italia

Parte 6ª nel Secolo XIX

Cavalleggeri Regno d'Italia

Parte 6ª NEL SECOLO XIX

(Esercito Italiano 1860-71)

REGG: LANCIERI e CAVALEGERI

1 Capitano Lancieri "Firenze", 2 Tenente Lancieri "Milano" (t. di marcia)
2 S. tenente Lancieri "V. Emanuele" (in piccola tenuta)
4 S. tenente Cavalleggeri "Lucca" (ten. festiva)

G. CENNI
1900-1906

...e 6ª NEL SECOLO XIX. (Esercito italiano)
GUIDE. Tenente 1° Nov 1865 Luglio 1872

Portastendardo degli ussari di Piacenza

Parte 6ª: NEL SECOLO XIX
(Esercito dell'Emilia 1859-60, Italiano 1861)
REGG.º "USSERI DI PIACENZA" Caporale, Trombà
(da documenti uff.ʰ)

1860-71

G. Cenni
1896-1906

Parte 6ª. NEL SECOLO XIX
(Esercito italiano 1860-71)

BRIGATA "GRANATIERI DI SARDEGNA"

1 Maggiore. 2 Capitano. 3 Granatiere.

F. Cenni
milano 1895-1906

1   3   2

Parte 6ª: NEL SECOLO XIX
(Esercito Italiano 1860-71)

FANTERIA DI LINEA. 1 Capitano, 2 Tenente 3 S.Tenente
(Sfilando in testa alla Truppa)
(da documenti ufficiali)

Parte 6ª: NEL SECOLO XIX

(Esercito Italiano 1861-71)

I "REAL NAVI" (TRUPPA DI MARINA)

1 Tenente - 2 Capo fanfara 3 Caporale 4 Soldato

(da documenti ufficiali)

G. Cenni
Milano 1896-1906

Parte 6ª nel Secolo XIX
(Esercito italiano 1863-71)

GENIO

1 Capitano - 2 Furiere (12 giugno 1865)

Parte 6ª: NEL SECOLO XIX
(Esercito italiano 1864-71)

R° CORPO DI STATO MAGGIORE
Capitano

Parte 6ª: NEL SECOLO XIX

(Esercito italiano 1863-71)

GUARDIA NAZIONALE a CAVALLO

1 Ufficiale 2 Caporale

ESERCITO ITALIANO - BERSAGLIERI

Piccola tenuta

R° ESERCITO
ITALIANO
Bersaglieri 1871-901
in tenuta di marcia

Tenente

Caporale

1871-1901

CENNI 1901

Fanteria 1870

MODIFICAZIONI ALLE UNIFORMI DEGL' UFFICIALI MARZO 1895

GRANDE UNIFORME

UNIFORME ORDINARIA

UNIFORME DI CAMPAGNA
E DI MANOVRA

Bersaglieri: ufficiale e soldato

Aiutante di Campo di S.M. (Maggiore di Fanteria)

Ufficiale dei Bersaglieri aggregato al Corpo di Stato Magg"

Colonnello Brigadiere di Fanteria

Aiutante Generale di S.M.   Ufficiale d'Ordinanza   Aiutante di Brigat
(Maggior Generale)   (Tenente di Cavalleria)   (Cap.di Fanteria)

Tenente Generale

T.Colonnello di Stato Maggiore

Ufficiali di Stato maggiore

Vicebrigadiere di P.Sicurezza, Milite a cavallo tenuta di città. Guardie carcerarie

Soldato zappatore in tenuta di marcia, Sergente pontieri e soldato telegrafista

Brigata lagunare: ufficiali,, soldati in tenuta da laguna, da pioggia, estiva e gran tenuta, sullo sfondo tromaba del treno

Soldati artiglieria a cavallo "Voloire"

Tenente del treno, personale contabile, tenente d'artiglieria

Artiglieria a cavallo "Voloire"

Macchinista, fuochista, ufficiale in tenuta di marcia, personale contabile e ufficiale in mantello

Sottufficiale artiglieria, carabiniere, generale, ufficiale d'artiglieria e ufficiale di Stato Maggiore

Tnenete colonello amministrazione, maggiore del commissariato e generale

Zappatore Guide, soldato del *Saluzzo*, del *Catania*, ufficiale del reg. *Alessandria* e del *Padova*

Fanteria di linea: caporale tenuta di servizio, soldato e ufficiale tenuta ordinaria

Ufficiale, generale, capitano beraglieri, soldato del Genova, lancere e beragliere intenuta operativa

Comandante generale passa in rivista le truppe

Fanteri di linea

Reggimenti di cavalleria e truppe alpine

R° ESERCITO
ITALIANO
=

Regg° Lancieri "Vittorio Emanuele II„ N° 10
appuntato   1872 per l'adozione del Kolbacco e la
1874.96.903   soppressione della gualdrappa,
                   1876 per le mostre e filettature gialle.

Appuntato dei carabinieri reali in tenuta di marcia - porta guidone di comando

Reggimento cavalleggeri - tenuta di maneggio salto senza staffe

F. CENNI
Milano 1896-1906 1

Parte 6ª: NEL SECOLO XIX

(R.º Esercito italiano 1871-1895-900)

BRIGATA "GRANATIERI DI SARDEGNA"

1 Sottotenente 2 Caporale 3 "Tromba"

1898

Croce Rossa Italiana

1 MEDICO ASSISTENTE DI 1ª CLASSE (Tenente (Ten.ª di camp.ª))
2 INSERVIENTE (Soldato / Tenuta di campagna)

(Dai Documenti ufficiali)

R° Esercito Italiano

1 T. Generale, comandante di corpo d'armata
2 Maggiore di stato maggiore (Tenuta di campagna)

(Dai documenti ufficiali)

G. CENNI 1897-1906
m. touo

Parte 6ª: nel Secolo XIX
(R. Esercito italiano 1895-900)

S.A.R. IL CONTE DI TORINO. Col.ᵉ del R.° „Novara(ᵍ)

Parte 7ª - Secolo XX
Regno d' Italia - 1900-6 ....
Caporale-Ciclista di Cavalleria (Regg.º «Nizza» 1º)
(dal vero)

Soldato alpino con gli sci - battaglione Morbegno del 5° reggimento

R.° Esercito Italiano

1 COMPAGNIE DI SUSSISTENZA (Forni militari)
2   "   DI SANITÀ (Ospedali militari)
        (Grandi tenute)

(Dai Documenti Ufficiali)

R° Esercito Italiano

I Marescialli   (1902)
1 Maresciallo nel Regg° Cavalleria Guide "19°
2   "   nei Bersaglieri   (piccole tenute)

(Dai documenti ufficiali)

Ufficiali di stato maggiore . Capitano e maggiore in gran tenuta

Parte 7ª – SECOLO XX

REGNO D'ITALIA ....1901-6...

FANFARA DI CAVALLERIA (Regg° „GUIDE" – Tenuta ordinaria)

(dal vero)

R.º Esercito Italiano

1 CAPITANO MEDICO (Tenuta di campagna)
2 SOLDATO, suo AIUTANTE (Regg.º «Guide» (19º). id)

(Dai documenti ufficiali)

Italo Cenni 1906

R. Esercito Italiano

REGGIMENTO ARTIGLIERIA A CAVALLO
1 Caporale - (Grande tenuta di passeggio)
2 Attendente di ufficiale (Unica tenuta)

(Dai documenti ufficiali)

1904

1903

Colletto della giubba col distintivo
la stelletta ed il doppio bottone

Brigata Re - 1° 2° Regg.ti

" Piemonte - 3° 4° "

" Aosta - 5° 6° "

" Cuneo - 7° 8° "

" Regina - 9° 10° "

" Casale - 11° 12° "

" Pinerolo - 13° 14° "

" Savona - 15° 16° "

" Acqui - 17° 18° "

" Bresia - 19° 20° "

" Cremona - 21° 22° "

" Como - 23° 24° "

" Bergamo - 25° 26° "

" Pavia - 27° 28° "

" Pisa - 29° 30° "

" Siena - 31° a 32° "

" Livorno - 33° e 34° "

" Pistoja - 35° a 36° "

" Ravenna - 37° 38° "

" Bologna - 39° 40° "

" Modena - 41° e 42° "

" Forlì - 43° e 44° "

" Reggio - 45° 46° "

Brigata Ferrara - 47° 48° Regg.

" Turina - 49° 50° "

" Alpi - 51° e 52° "

" Umbria - 53° 54° "

" Marche - 55° 56° "

" Abruzzi - 57° 58° "

" Calabria - 59° 60° "

" Sicilia - 61° 62° "

" Cagliari - 63° 64° "

" Valtellina - 65° 66° "

" Palermo - 67° 68° "

" Ancona - 69° e 70° "

" Puglie - 71° 72° "

" Lombardia - 73° 74° "

" Napoli - 75° 76° "

" Toscana - 77° 78° "

" Roma - 79° 80° "

" Torino - 81° e 82° "

" Venezia - 83° e 84° "

" Verona - 85° e 86° "

" Friuli - 87° e 89° "

" Salerno - 89° 90° "

" Basilicata - 91° 92° "

Brigata Messina - 93° 94° Regg.ti

Regio Esercito Italiano

DISTINTIVI DI BRIGATA (Fanteria)

SECOLO XX

G. Cenni
1906

70

Parte 7a

SECOLO XX

R° Esercito Italiano 1903-7

Brigata "Re", 1° e 2° di linea — Tamburino coll'impresa
reale donata dal Re(V. Emanuele III) 1903

Reggimento cavalleggeri di Saluzzo (12) Sottotenente

« Croce Rossa Italiana

INSERVIENTE (soldato) in tenuta estiva di camp.⁽ᵃ⁾)
CON MULO PORTA-BAGAGLI

(Dai Documenti Ufficiali)

Parte 7ª SECOLO XX

REGNO D'ITALIA. 1904-6.....

BERSAGLIERE-CICLISTA COL CICLO-CARRETTO

(Dal vero)

Forze ausiliarie Italiane
1905
CICLISTI VOLONTARI Comp.ᵃ di Verona

(Dal vero)

Forze Ausiliarie Italiane
1905
UFFICIALE (Ai.Maggiore) DI CICLISTI VOLONTARI
Compagnia di Milano

(Dal vero)

Parte 7ª
SECOLO XX
7º Esercito Italiano 1905-07
Lanciere del Regg.º „Milano" (7º) di rinforzo alla „prolunga"

5º Reggimento Alpini - Plotone grigio (di prova) Ufficiale

5° Reggimento Alpini - Plotone grigio (di prova) caporale e soldato

Parte 7ª

SECOLO XX

R.º Esercito Italiano 1905-7

Carabiniere R.º ed Aggiunto id.(Alpino) in pattuglia esterna

R° Esercito Italiano

Marzo 1907

Carabinier Reali - Buffetterie nera

N.B. Soltanto per la piccola tenuta.

1907

Soldato di fanteria di linea in camerata

R. Esercito Italiano
Mitragliatrice di Cavalleria

R° ESERCITO ITALIANO

14 Febbraio 1907

Nuova Tenuta dei Generali Grande tenuta
N:B Una , due e tre stelle sul campo delle spalline ed una,
due o tre filetti d'argento sul beretto distinguono rispettivamente
il generale di brigata,") il generale di divisione, il generale d'Eser.
cito-Il gen. di divs. com. di corpo d'armata ha l'aquila d'oro.

(*) Il generale di brigata porta sul colli
la mostrina del colore distintivo dell
propria brigata.

R° ESERCITO ITALIANO

Ottobre - Dicembre 1907

1 FANTERIA DI LINEA - Mantellina e nuovo beretto [1]

2 CAVALLERIA DI LINEA - Regg° "Nizza" 1° - nuovo beretto

N.B. Il nuovo beretto di fanteria sostituisce il Kepy.
la mantellina sostituisce il cappotto.

[1] Coltello - sciabola non più a sinistra
ma a destra. Vedi n° 148 fig. 2.3.

Ufficiale di fanteria a cavallo

R.º ESERCITO ITALIANO

Gennaio 1907

NUOVA TENUTA DEI MARESCIALLI — NUOVA TESTIERA E NUOVE BRI-
GLIE PEI CAVALLI IN CUOIO NATURALE
1 Maresciallo di cavalleria (Reggº Caval."Guide" 1ºgº)
2 Id. di artiglieria (Tenuta ordinaria)

1907

R° ESERCITO ITALIANO

Gennaio 1907

NUOVA TENUTA DEI MARESCIALLI. MARESCIALLO di
1 Maresciallo di comp⁴. Fanteria (brig⁴. Casale)
2   Id.   Id.   di Bersaglieri
3   Id. di Alpini   – La nuova giubba da maresciallo non porta bottoni sul davanti
        essa si chiude col mezzo di ganghercini nascosti dallo sparato
        sinistro della giubba   ganghercino

compagnia
di squadrone
     batteria
    di battaglione
    di divisione
di reggimento

88

Soldato di fanteria di linea in zona militare

Regg.º "Savoia" Cavalleria 3º

Modificazione alla tenuta: bande nere con filetto rosso ai pantaloni in luogo di bande rosse.

Tenente gr. tenuta a cavallo

Luglio 1909

Tromba Savoia cavalleria

1907

Regia Guardia di finanza alla rete di confine

1907

Bersagliere telegrafista

R° ESERCITO ITALIANO

Giugno 1908

FANTERIA DI LINEA: Nuova tenuta di campagna in tela

1 Capitano (brigata Casale" 11° e 12°) 3 Soldato id.
2 Caporale (brig: Ravenna" 37·38°)

Luglio 1909

Reggimenti Lancieri,
"eggo. Lancieri Mantova" 25°

Reggo Lancieri "Vercelli" 26°

Tenente
Piccola Tenuta ordinaria

Grande Tenuta
pr cavallo
Capitano

1909

Reggimenti Cavalleggeri

Regg.º Cav.º "Udine" 29º   Regg.º Cav.º "Treviso" 28º (Rosso-Azzurro)
(Bianco verde)   Maggiore   Regg.º Cav. "Aquila" 27º (cremisi e bianco)
Capitano in piccola tenuta   in tenuta festiva a premi
        ordinaria   (a soirée e visite solo il berretto)

                                        Luglio 1909

Nuovi forni da campo senza fumo

Caporale di cucina in nuovo
uniforme di fatica
(Nuovo beretto, nuovo camicione)

Capo-mensa di Circoli
di ufficiali
(nuovo beretto di gr. Tenuta
in sostituzione du kepy)

Attendente
di uff. superiore
di fanteria - (non
porta sproni seb-
bene vada a cavallo)

Rº Esercito Italiano

Mitragliatrice di Fanteria

Regio esercito - mitraglatrice di fanteria

Milizia Mobile
(caporale)

Furiere   e   Maresciallo di compagnia
di fanteria di linea

(col nuovo berretto
di p. tenuta)

col bracciale per il
servizio di picchetto

R. Marina Italiana

Contrammiraglio   Viceammiraglio in gr. tenuta   Tenente di vascello
nuta estiva di bordo   (Capitano)
                                       Ajutante di bandiera [1]
                                        in gr. tenuta

(1) Ajutante di campo

R.ª Marina Italiana

Maggiore del Genio Navale
(piccola tenuta)

Maresciallo Cannoniere di 2.ª
(tenuta ordinaria
in cappotto)

Sottotenente di Vascello (Tenente)
(tenuta ordinaria)

R.ª Marina Italiana

Marinaio in grande tenuta estiva

Sotto capo torpediniere
Gioacchino Murat a cavallo
(caporal puntère)
(in tenuta ordinaria)

2° Capo Macchinista (Sergente)
con una rafferma"
(Tenuta ordinaria)

COPERTINE
DI ALBUM CENNI

In appendice una breve raccolta di copertine di album realizzati dal Cenni e dedicati di volta in volta a i corpi militari italiani, del Regio esercito, dei carabinieri ecc.

Ogni tavola ha subito una radicale pulizia grafica da graffi, segni e usure del tempo. Tutte le indicazioni riportate, quando presenti, si rifanno agli originali testi inseriti dall'artista ai piedi, a lato delle tavole o sul retro delle stesse.

Alpini - ufficiale e soldato 1900 c.

Alpini varie foggie 1905

Corpo dei bersaglieri varie fogge

1901

Parte 7ª. Secolo XX. (R.º Esercito italiano)
I Bersaglieri sul Moncenisio

G. Cenni

1901

L'arma del Genio

112

I CARABINIERI REALI

IL CARABINIERE REALE IN GUERRA
(nella Battaglia di Custoza 24 Giugno 1866)
Carabinieri della scorta del gen. Brignone (5ª divis.ᵉ) coman-
dati dal Ten. Gatto-Ainis, per due volte «caricarono brillante-
mente sul piano di Monte Croce». Menzione On.ˡᵉ al Va-
lor militare (oggi Med.ᵃ di bronzo)   Bollettino delle ricompense

114

Carabinieri reali

INDICE:

*

BIBLIOGRAFIA ESSENZIALE:

- *Andrea Melani, Enrico Ricciardi* L'esercito Piemontese 1848-1859 Vol. 2 La Cavalleria. Soldiershop

- *Andrea Melani, Enrico Ricciardi* L'esercito Piemontese 1848-1859 Vol. 1 La fanteria. Soldiershop

- *Quinto Cenni*, Il soldato italiano del Risorgimento, Rivista Militare 1987

- *V.Gibellini*. Gli eserciti italiani, De Agostini, Novara 1975.

- *E. Bianchi*, Le guerre d'indipendenza, Firenze, A. Salani, 1935.

- *Piero Pieri*, Storia militare del Risorgimento: guerre e insurrezioni, Torino, Einaudi, 1962

- *Giorgio Cantelli*, Le uniformi del regio esercito italiano nel periodo umbertino. SME 2000

- *Giorgio Cantelli*, Le prime uniformi dell'esercito Italiano – 1982

- *Mario Laurini, A.M. Barbaglia*, Bandiere del Risorgimento Italiano, Stemmi Dinastici e di Stato

- *Franco Favre*, La Marina nella Grande Guerra, 2008ª ed., Udine, Gaspari.

- *Francesco Cesare Casula*, Breve storia di Sardegna, Sassari, Carlo Delfino Editore, 1994,

- *Denis Mack Smith*, Storia d'Italia, Roma, Editori Laterza, 2000

- *N. Della Volpe* , Quinto Cenni. Italia 1861-1903 SME, 2000

- *Gabriella Pasqualini*, Uomini in uniforme. Quattro secoli di storia e tradizioni dell'esercito italiano

QUADERNI CENNI

Prestigiosa serie di 20 volumi per veri collezionisti; basata sulle prestigiose immagini realizzate nell'arco di una vita dal più grande pittore militare e uniformologo Quinto Cenni. Questi quaderni spaziano a gran parte degli stati pre-unitari italiani e non solo. Libri realizzati nel formato 20,5 x 25,5 composti da 100/150 pagine a colori e le tavole a piena pagina ed un prologo a commento delle uniformi trattate e della vita di Quinto Cenni. La serie si completerà nel corso del 2016.